Desayuno Con Jesús

Iván King

Este libro, escrito por Iván King, es un [Libro Cristiano] acerca de un joven que pasa un día en el infierno y regresa para compartir su historia.

Desayuno Con Jesús

Autor: Iván Rey
Impreso por: Valley Group Media, LLC.
Edición: David T. Williams
Cubierta: Tyler D. Masterson
Editorial: Valley Group Media, LLC.
ISBN-13: 978-1514211366
Copyright: Iván King / Valley Group Media, LLC.
Primera impresión: 25 de enero 2015 Estados Unidos de América
Copyright © 2015 Iván King
Todos los derechos reservados.

Tabla de Contenidos

Escuche lo que los Críticos están Diciendo

"Muy inspirador y poderoso; todos deberían leer este libro. **Desayuno con Jesús** es, de lejos, uno de los mejores libros cristianos que han salido en la última década."

-Mary Jones -Valley Daily News

"¡Le doy **Cinco Indiscutibles Estrellas** a este libro! Este libro entra a mi lista como uno de los mejores en el género cristiano. Cualquier persona de Fe disfrutará muchísimo de este libro."

-Theresa Davis –Grupo Alliance Media

"**Desayuno Con Jesús** fue un libro muy poderoso y inspirador. Cada generación, jóvenes y viejos, necesita leer este libro. **Diez Dedos Arriba.**"

-Dave Baker – Bloggers de Libros de América

"Este libro fue excelente; fue corto, terminé de leerlo en menos de dos horas; sin embargo, tiene un mensaje muy poderoso y positivo. **Se debe leer**."

-Lisa Cooper -Literary Times Inc.

"Este fue un libro muy poderoso. Tenía un mensaje sumamente sólido sobre el amor y el perdón. **Altamente Recomendado**."

-Emma Righter -Grupo de Escritores Unidos

"**¡Este libro es increíble**! Al final caí de rodillas y lloré. Este libro me recordó por qué me convertí en un cristiano renacido. Sus mensajes no son sólo poderosas, pero ciertas."

-Carl Mosner – Bahía de los Lectores Ilimitados

"Un amigo del trabajo me recomendó este libro y, aunque no soy cristiano, me conmovió su **Poderoso Mensaje**."

-Lee Ratner –Tendencias Diarias de la Media, Inc.

Revisión Editorial

Desayuno con Jesús es un libro muy espiritual y poderoso. Sus mensajes han perdurado en el tiempo y son verdaderos. Este libro realmente me hizo pensar, pero lo más importante es que me hizo sentir.

Si usted está buscando un libro que lo lleve a las lágrimas, entonces no busque más allá de **Desayuno con Jesús;** un libro magistral que no sólo lo inspirará a convertirse en una mejor persona, sino que también le enseñará algunas de las mejores lecciones de la vida. **¡Un Libro Inspirador!**

David T. Williams

Acerca del Libro

Un joven desayuna con Jesús y descubre el significado de la vida. ¿Qué lecciones aprenderá? ¿Qué secretos serán revelados?

Elija este libro inspirador y lo descubrirá…

Si pudiera tener una conversación privada con Jesucristo y preguntarle lo que quisiera, ¿qué le preguntaría?

"Yo soy el Camino, la Verdad y la Vida. Nadie llega al Padre, sino es por mí."

Jesucristo

Desayuno Con Jesús

Mi día comenzó como cualquier otro. Estaba en la cocina preparando el desayuno antes de ir al trabajo; tostadas de centeno con queso crema y café. ¡El desayuno de los campeones! Se me hacía tarde como de costumbre, y ciertamente no ayudó cuando cayó queso crema sobre mi nueva corbata de seda.

- Así es como va a comenzar mi día - me dije luego de dejar escapar un largo suspiro. Corrí al lavadero; bajando la corbata, traté desesperadamente de lavarlo antes de que tiñera.

Justo cuando estaba limpiando mi corbata vigorosamente, y maldiciendo en voz baja, sucedió… Jesucristo entró a mi cocina.

- Hola, Michael- dijo con la sonrisa más bella y tranquila que he visto. - Yo soy Jesús.

Guiado por el shock, inmediatamente me

levanté de un salto y grité.

- Señor, no sé quien es usted o como ha llegado aquí. ¡Pero necesita salir de mi casa ahora! - Alcance la sartén desesperadamente y la sostuve firmemente en mi mano derecha. La sostuve frente a mi mientras la balanceaba amenazantemente para hacerle saber que no estaba jugando.

- Sabes exactamente quien soy - dijo en una voz increíblemente suave. Parecía sincero y muy humilde; casi infantil. - Porque lo acabo de decir.

- Mire - le dije con rabia mientras sostenía la sartén frente a mi con ambas manos, agarrando la manija con fuerza como si fuera una raqueta de tenis. - Le estoy advirtiendo; si no sale de aquí, ¡llamaré a la policía!

- ¿Estás seguro que quieres hacer eso? Porque yo sólo estoy aquí para ayudarte - dijo con un tono de voz extremadamente relajante. Tenía una mirada muy serena; como pozos gemelos de pureza, sus ojos reflejaban ternura y compasión.

- Ayudarme - dije con sarcasmo. - ¡¿Quién dice que necesito ayuda?!

- Michael, eres un hombre que ha perdido su camino y estoy aquí para ponerte de nuevo en el camino correcto - dijo con una mirada brutalmente honesta.

- Deje de actuar, ya sé que no es Jesús y si se va ahora, prometo no llamar a la policía - pero aún al decir eso, baje la guardia un poco; la verdad era que ese hombre no era amenazante. Era lo opuesto de agresivo.

- ¿Cómo sabes con certeza que no soy quien digo que soy? - preguntó.

- Bueno, para comenzar, es demasiado bajo para ser Jesús; en segundo lugar, Jesús tenía el pelo largo y, por último, Jesús murió hace más de dos mil años; por lo tanto, no hay manera que usted puede ser él. - Le respondí de una manera tranquila y factual.

- ¡Yo no soy demasiado bajo! Soy exactamente como mi Padre me ha hecho. - Jesús dijo en un tono muy apasionado.

Ya había tenido suficiente; así que decidí tomar un enfoque diferente, volviéndome hacia él le dije:

- Bueno, si realmente es quien dice ser, pruébelo.

- No tengo porque demostrarte nada - dijo bruscamente.

- Sí, pero ¿tienes alguna idea de cuántas personas en el mundo afirman ser tú? ¡A menos de ocho cuadras de aquí hay un hospital psiquiátrico lleno de locos que dicen ser Jesús! ¿Qué te hace diferente de ellos?

- Soy diferente a ellos, porque yo soy el verdadero Hijo de Dios.

- Ok, entonces déjame preguntarte esto, ¿cuales son los números ganadores de la lotería de este fin de semana? - le pregunté en burla con una sonrisa en la cara.

- Yo soy el Hijo del Hombre; no su genio personal - respondió con una sonrisa amistosa. También tenía un nivel increíble de paciencia y calma en su voz.

- Bueno, recuerdo que en la escuela dominical, nos enseñaron acerca de todos los maravillosos milagros que hizo en aquellos días. ¿No fue así como la gente supo que eras el Hijo de Dios?; ¿no tuviste que caminar sobre el agua y levantar a los muertos para que ellos creyeran?

- Aquellos que tienen corazones puros no necesitan ser persuadidos. Un hombre con una conciencia limpia y una línea de visión clara verá la verdad; especialmente cuando está justo frente de sus ojos.

- Está bien- dije cediendo finalmente. Puse la sartén en el fregadero y dije - Digamos, sólo para seguirle el hilo, que eres Jesús. Entonces, ¿qué estás haciendo aquí?; ¿por qué estás en mi cocina?

- Simple - dijo con una sonrisa amable y acogedora. - Estoy aquí para tomar desayuno contigo.

Mi casa está completamente aislada, en un rincón abandonado, en una parte olvidada del mundo. Pero en ese día, me senté en mi cocina a desayunar con Jesús.

- La verdad no tengo nada decente para ofrecerte en cuanto a desayuno - dije sintiéndome un poco mal por no tener una buena variedad de cosas para ofrecer.

- ¿Y que con todas las cosas maravillosas que tienes en el mostrador? - preguntó Jesús, señalando para que me diera la vuelta.

Cuando lo hice, ¡no podía creer lo que veía! Encima del mostrador había una bandeja llena de delicias para el desayuno. Habían frutas y montones de pasteles. Incluso había una jarra de jugo, y otra llena de café. Incapaz de desviar la mirada, me quedé helado en sumisión. El darme cuenta de lo que estaba sucediendo era demasiado difícil de soportar. Me senté en la mesa solo para no desmayarme.

- ¡Realmente eres Jesús! - le dije señalando incrédulamente con los ojos como platos.

- Eso es exactamente lo que he estado diciendo - dijo bromeando, y luego Jesús se paró y se sirvió una taza de café. Tomó un largo trago, cerró los ojos y dijo - Ah, ¡no hay nada como una taza de café por la mañana!

- ¿Tomas café? - le pregunté con asombro.

Al oír esto, Jesús dejó escapar una fuerte carcajada. No era una risa habitual; se sentía más profunda, como las que vienen de lo más profundo del alma del hombre. Impensadamente me encontré riendo con él.

- Por supuesto que me tomo café - dijo sin rodeos. - ¿No lo hace todo el mundo?

- Guau - dije en voz baja, mientras todavía trataba desesperadamente de meter en mi cabeza el hecho de que Jesús estaba en mi casa; ¡estaba en mi cocina! - ¿Y por qué está aquí?- le pregunté.

- Te lo dije - dijo con una sonrisa abierta y honesta. - Estoy aquí para desayunar contigo.

- Sí, pero ¿por qué conmigo?

- Michael, porque tienes un gran hueco, muy dentro tuyo, y quiero hacer brillar algo de luz en esa oscuridad.

- Sí, lo entiendo - dije tímidamente. - Pero ¿no deberías estar en CNN, o parado en la cima de una montaña en algún lugar donde todo el mundo te pueda ver?

- Me gano al mundo un alma a la vez. Michael, si puedo lograr que una sola persona regrese a la casa de mi Padre, entonces habré ganado algo más valioso que el mundo entero.

Lo que dijo Jesús realmente me hizo pensar. Me había estado sintiendo hueco y vacío por un largo tiempo. La verdad era que estaba al borde de un abismo emocional y no sabía bien cómo regresar; Me sentía solo, perdido en un mundo sin corazón, donde nadie se preocupa por tus problemas. Al tratar de llenar ese vacío, me acercaba a lo que sea que pudiera encontrar, pero nada iba a acabar con ese vacío profundo.

Después de servirse un café, Jesús regresó a la mesa y se sentó frente a mí. Después de un par de momentos de silencio, me levanté y también me serví una taza; luego, me senté y reflexioné en silencio. Miraba a Jesús con detenimiento; estaba mirando directo a los ojos del Hijo de Dios; Tenía tantas preguntas.

Finalmente, después de encontrar el coraje, le dije:

- Tengo montones de preguntas.

- Yo tengo todas las respuestas; Yo soy la Verdad - respondió.

Pensé intensamente y por un largo tiempo sobre lo que preguntaría primero. Después de tomar otro sorbo largo me volví hacia Jesús e hice mi primera pregunta:

- ¿Cuál es el significado de la vida?

- La vida no tiene un sólo significado porque está llena de propósito. Hay muchas cosas que debemos cumplir antes de que todo esté dicho y hecho.

- Esa no es exactamente la respuesta que estaba buscando - le dije con tristeza.

- Ah - dijo Jesús levantando un dedo y saltando con entusiasmo de su silla. - Pero, si te puedo decir las dos razones más importantes.

Estuve inmediatamente intrigado por lo que tenía que decir; me acomodé en mi silla.

- Soy todo oídos - le dije con entusiasmo.

- El significado de la vida es amar y perdonar - dijo claramente.

-¿Amar y perdonar? - le pregunté - ¿Por qué es eso más importante que cualquier otra cosa?

- La gente se gana la entrada a la casa de mi Padre; lo hacen al amarse unos a otros y perdonándose unos a otros. Tienes que amar con fuerza; incluso si esa persona no te ama de vuelta. Tienes que amar a los demás tanto como te amas a ti mismo; y por encima de todo, tienes que amar a mi Padre por la misericordia que te ha dado.

- Espera, ¿estás diciendo que tengo que amar a la gente, incluso si me hieren; o me roban, o me hacen daño?

- Especialmente en esos casos.

- ¿Por qué especialmente entonces? - le pregunté.

- Porque el amor y el sacrificio siempre están vinculados uno con el otro; es fácil amar cuando las cosas van bien y no tan fácil cuando estas dolido. Pero es precisamente durante esos momentos difíciles cuando descubres el tipo de persona que verdaderamente eres.

- ¿Así que tengo que amar a los que me rodean sin importar las circunstancias? - le pregunté, un tanto escéptico.

- Sí, porque el amor hace que la luz llegue incluso a los rincones más oscuros del alma del hombre; y aún mas importante, sin un corazón puro, una que realmente sepa cómo amar, nunca te regocijaras en la gloria de mi Padre.

- Está bien - le dije, pero luego pregunté: - ¿Por qué es tan importante el perdón?

- Michael, quiero que prestes mucha atención a lo que voy a decir - dijo. Luego hizo una pausa para mirarme y asegurarse de que lo estaba escuchando. - Tienes que perdonar a las personas que te han hecho mal; y siempre tienes que pedir perdón al Padre por tus errores.

- ¿Pero por qué es tan importante?

- Porque un corazón que no perdona nunca puede ser perdonado - dijo con una expresión muy seria en el rostro.

- Entonces, si alguien mata a una persona que amo, ¿tengo que perdonarlos por ello? - necesité preguntar porque la sola idea me sonaba ridícula.

- Sí, porque no tienes el derecho de juzgar o culpar. Sólo el Padre puede hacer eso; tienes que confiar en él. Debes tener fe en su proceso y saber que lo que está haciendo es por un bien mayor.

- Está bien - le dije con extra ánimo en mi voz. - Esto nos lleva a la siguiente pregunta; ¿por qué deja Dios que le pasen cosas malas a la gente buena? Quiero decir, ¿cómo pudo permitir que tanta gente muriera en Auschwitz, o durante los ataques a las torres gemelas del 911? ¿Por qué Dios se sientan de brazos cruzados y dejar que estas horribles cosas sucedan?

Jesús se paró y comenzó a caminar alrededor del cuarto. Después de andar perdido en sus propios pensamientos por un rato, se volvió hacia mí y dijo:

- Hace mucho tiempo, mi padre construyó una casa. Era lo más hermoso que jamás había creado. Ahora, después de construir esta hermosa casa, quería compartirla con alguien; así que abrió las puertas para que algunos invitados se quedaran en su casa. Estos invitados eran su familia, y él les explicó que, durante su estadía, podían hacer lo que quisieran; sin embargo, mi padre tenía una regla, una sola regla. Había una habitación en la casa a la cual los invitados no podían entrar. Un día, mi padre dejó a sus invitados solos, y cuando regresó, se sorprendió al enterarse que habían desobedecido su única orden. Cuando esto sucedió, mi padre no se enojó; se decepcionó, lo cual es mucho peor que la ira.- Se detuvo un momento para mirarme y preguntó: - Michael, ¿sabes que hizo mi padre con estos invitados?

- Me imagino que los echó de su casa - le

respondí de inmediato.

- No exactamente, porque sabes, mi Padre es demasiado bondadoso como para dejar a sus hijos a la intemperie. Pero también, mi padre no quería ser visto como un tirano, obligando a que sus invitados vivan bajo sus reglas. Él sólo quería que fueran felices y disfrutaran de la vida. Como resultado les dio el don de la libertad; el don de elegir.

- No entiendo - dije sintiéndome confundido. - ¿Qué tiene que ver todo esto con que cosas malas les sucedan a gente buena? - le pregunté.

- Porque la causa y el efecto son un subproducto de las elecciones que hacemos.

- No te entiendo- le dije sintiéndome aún más confundido.

Jesús me miró fijamente a los ojos con una mirada penetrante y dijo:

- Sé que lo que más deseas es ser feliz, pero el fruto de tus sueños siempre estará limitado por las decisiones que tomes. Michael, las opciones por si solas no son ni buenas ni malas; son sus intenciones corrosivas las que las definen. Lo que te estoy diciendo es que, bueno o malo, Dios no puede tomar tus decisiones por ti; por lo tanto, en esta vida debes tomar tus propias decisiones. Elijas lo que elijas, y cómo sea que decidas vivir tu vida después, es lo que determinará su valor.

- ¿Estás diciendo que esa buena gente optó por que les pasaran cosas malas? - le pregunté, sintiéndome confundido por la complejidad de todo.

Jesús profundizó su punto al agregar:

- La libertad de elegir se te dio; y lo que decidas hacer con ella depende totalmente de ti. Si alguien hace una mala elección, una elección malévola, digamos, como volar un avión hacia un edificio y asesinar a miles de personas, están ejerciendo su derecho, dado por Dios, de elegir. Pero algún día, cada persona viva o muerta se parará frente al Padre y asumirá la responsabilidad de las decisiones que tomaron.

- Espera, ¿estás diciendo que Dios no tiene

control alguno sobre todo este caos? - le pregunté levantándome en mi silla y cruzando los brazos.

- Todo lo contrario, todo lo que ha sucedido, y que sucederá, pasa solamente por la voluntad del Padre. Dios, en su infinita sabiduría te dio el privilegio de elegir, pero depende de ti el utilizar ese regalo sabiamente - dijo.

Me detuve y dejé que la idea diera vueltas en mi cabeza por un rato. Lo que dijo Jesús me hizo reflexionar sobre mi propia vida; sobre mis propias decisiones. Me di cuenta de que a veces, hay una gran diferencia entre la persona que somos y la persona que nos gustaría ser. Para mí, esa diferencia es tan ancha como el mar y el doble de profunda. Nunca he sido de los que creen que las cosas que nos han pasado, buenas o malas, tienen una profundo influencia en la forma en la que vivimos nuestras vidas. Siempre pensé lo contrario, ahora no estoy tan seguro.

- Está diciendo que Dios nos dio la libertad

de elegir; pero que algunas personas optan por hacer cosas malas con esa libertad?

- Sí - respondió Jesús.

- Pero Dios no intervendrá en las decisiones que tomemos; buenas o malas, ¿él nos permite decidir el camino que tomamos? - le pregunté.

- Exactamente - dijo Jesús con entusiasmo, volando de la silla una vez más. - ¿Recuerdas que antes dije que tarde o temprano todos tendrán que pararse frente al Padre y rendir cuentas por las decisiones que han tomado?

- Sí - respondí moviendo la cabeza de lado a lado.

- Bueno, al final, la intensidad de tu escape no importará; sin importar si el desplazamiento es mental, emocional o físico, con el tiempo notarás por ti mismo que las raíces de tus pecados vienen del pasado, tirando de ti a través del tiempo, como fuertes bandas elásticas.

Mi mente corría a mil por hora. Mi respiración se hizo esporádica y podía oír el constante golpeteo del latido de mi corazón. De repente, tuve un momento de perspectiva y dije:

- Está diciendo que Dios no permite que les sucedan cosas malas a la gente buena; pero que si permite que la gente elija, y a veces las personas hacen malas decisiones afectando a la gente buena.

- Estás empezando a entender - dijo Jesús con una sonrisa esperanzada, sólo que ahora estaba aun más animado que antes ya que movía sus manos excitadamente.

Se me vino un pensamiento a la mente, así que me volví hacia Jesús y le dije:

- ¿Y que con el Big Bang? La ciencia ha demostrado tantas cosas que van en contra de las enseñanzas de la Biblia. Quiero decir, ¿cómo explica, por ejemplo, la evolución?

- La ciencia no ha hecho nada hasta el momento que refute la existencia de Dios - dijo.

- Sí, pero hoy en día existe tanta evidencia contraria a lo que dice la Biblia.

- Michael, Dios creó al hombre y la mujer en Adán y Eva; e incrustó en su matriz la capacidad de evolucionar. Dios ha hecho que todo esto sea posible. Recuerda, él hizo al hombre a su propia imagen. Por lo tanto, Dios creó a la humanidad para que puedan pensar por sí mismos y crecer.

- Pero ¿cómo explica la teoría del Big Bang? - le pregunté.

- En el mismo instante en que Dios dijo: Hágase la luz. Ese fue el inmaculado nacimiento de la creación y el Big Bang fue el momento de esa concepción. Sin embargo, no sucedió por alguna cadena de eventos al azar; el principio de todas las cosas fue creado por Dios.

- Pero el Big Bang ocurrió hace millones de años - añadí. - Y todos los eventos en la Biblia ocurrieron hace tan sólo unos pocos miles de años.

- El concepto de tiempo fue creado por el hombre; fuera de esta realidad no existe. No existe una manera de cuantificar un día en el tiempo de Dios, porque no existe. En nuestra realidad no hay luna; no hay sol. En el cielo, no sólo la vida es eterna, pero también lo es el tiempo.

- ¿Cómo es vivir en el cielo? - le pregunté con asombro infantil.

-El cielo es lo que quieras que sea; en el cielo, siempre encontrarás lo que buscas.

- ¿Tienen televisores en el cielo? - le pregunté con una mirada seria, espolvoreada con una suave sonrisa. - ¿Llega cable al cielo?

Jesús dejó escapar una fuerte carcajada. Se rió con tanta fuerza, que lágrimas comenzaron a correr por sus mejillas sonrosadas.

- ¿Qué es tan gracioso? - le pregunté.

- No, Michael, no tenemos televisores en el cielo.

- ¿No hay HBO? - le pregunté inocentemente. - No me puedo imaginar vivir en un lugar por toda la eternidad sin enterarme de cómo termina Juego de Tronos.

- Daenerys Targaryen se convierte en la reina del mundo entero solo para ser comida por sus propios dragones.

- ¿Hola? - dije agitando los brazos a Jesús.

- ¿Qué? - preguntó, con una mirada casi inocente.

-¡Alerta de spoiler! - Me quejé con vehemencia.

- Por lo menos ahora no necesitarás a esa tele que tanto quieres.

- Supongo que no.- Le dije a regañadientes, pero añadí: - Supongo que solo te iré a buscar cada vez que quiera saber cómo termina uno de mis programas.

- Suena bien - dijo, dejando escapar una breve carcajada.

- ¿Cómo sabes todas estas cosas si no siempre estas aquí? - le pregunté intuitivamente.

- Pero si siempre estoy presente - dijo

bruscamente.

- Nunca te había visto antes.

- Hay una parte de mí que vive dentro de cada una de las personas de este planeta. Él es el mensajero; el que te defenderá ante el Todopoderoso.

- ¿Cómo un abogado?

- No, la verdad no, él es más un consejero que un abogado.

-¿Así que este consejero lo ve todo a través de mí? - le pregunté.

- Exactamente, él es testigo de todo lo que se experimentas en tu vida; todo lo que sabes, el consejero dentro de ti también lo sabe. Por lo tanto, lo sé yo y lo sabe mi Padre.

- Un segundo, ¿quieres decir que todos esos días de mi adolescencia que pasé solo en mi habitación, descubriendo cómo funcionaba mi cuerpo y aprendiendo cómo ser un hombre, ¿tú sabes de eso?

- El consejero es testigo de todo lo que haces; bueno o malo, hemos visto todo lo que has hecho - dijo dándome una mirada severa.

- Guau, ¡que miedo! - grité.

- Es por eso que tienes que prestar mucha atención y elegir tu camino sabiamente. Porque todo lo que haces tiene una consecuencia que deberás pagar.

- Espera - dije con una repentina preocupación. -¿Qué pasa si cometo errores durante el camino?

- Simplemente te caerás. Pero caerse es una parte integral del proceso, ya que de aquello aprendemos y llegamos a ser más fuerte. Sin embargo, debes admitir tus errores a Dios y pedirle perdón por tus mala acciones.

- Claro - dije señalando a Jesús con entusiasmo. - Y Dios sólo me perdonará si, a su vez, he perdonado a otros.

- Sí, es cierto - dijo Jesús.

- Está bien, entiendo cómo las personas

tienen la libertad de tomar sus propias decisiones; y que a veces optan por hacer cosas malas a las otras personas, ¿pero eso todavía no explica los desastres naturales?

- ¿Qué quieres decir? - me preguntó con una voz suave y apacible.

- Como el tsunami del 2004 en Indonesia. Un cuarto de millón de personas murieron sin razón alguna. ¿Cómo pudo permitir Dios que eso suceda?

- Este planeta es igual que tu y yo. Tiene mente y vida propia. La tierra debe atravesar sus propios dolores de crecimiento. ¿Recuerdas lo que dije acerca de la causa y el efecto? Si Dios tuviera que controlar lo que le sucede al planeta, por defecto, también controlaría lo que te pasa a ti; alterando tu libertad de elegir. Cuando un volcán hace erupción, el planeta haciendo lo que el planeta quiere hacer. Pero todas estas cosas son consecuencia del pecado original.

- ¿El pecado original? - Le pregunté, sintiéndome un tanto desconcertado.

- Has mencionado la Biblia bastante, pero la verdad es que no tienes idea de que dice, ¿verdad? - preguntó Jesús, con un tono de regaño en su voz.

- No, no lo sé - admití con franqueza. - Sé más sobre la biblia por El Código Da Vinci, que por haber leído la Biblia.

- Ja - dijo Jesús y resopló altamente. - Esa es una mala muestra de literatura si alguna vez hubo una.

- ¿Así que también la conoces? - le pregunté.

- Por supuesto, te lo dije, a través del consejero sabemos todo lo que sucede en este planeta.

- Ya que estamos en el tema - dije torpemente - ¿Te casaste con María Magdalena?

Jesús se levantó de nuevo y dio vueltas pensativo; luego se volvió hacia mí y dijo:

- Es cierto que la amaba más que a mis

otros discípulos, pero no de la forma que un hombre ama a una mujer.

- ¿Cómo la amabas? - le pregunté con un interés genuino.

- De la misma forma en la que un padre ama a sus hijos e hijas.

- ¿Crees en la igualdad entre los hombres y las mujeres? - le pregunté.

- El concepto de la desigualdad fue creado por el hombre, no por Dios. Es otro de los muchos frutos de árbol de las malas decisiones del hombre.

- Anteriormente dijiste que tengo oscuridad dentro de mí - le dije con una ardiente curiosidad.

- Sí.

- ¿Qué significa eso ? - le pregunté.

- Significa que te sientes solo; que has perdido la esperanza.

¿Esperanza? - le pregunté frunciendo el

ceño. - ¿Exactamente a que te refieres con eso?

- La esperanza es un tierno susurro en el viento que mantiene los sueños vivos. Es la razón por la cual nos levantamos cada mañana y luchamos para mejorar nuestras vidas y las de las personas que nos importan. Es lo que hace que sigas aun después de sufrir tanto dolor y tristeza.

- ¿Cómo puedo encontrar esta esperanza? - le pregunté.

- No tienes que buscarla porque todavía dentro de ti; sólo que se ha hundido hasta el fondo.

- ¿Se puede perder para siempre?

- Sin duda - respondió Jesús sin siquiera pensarlo.

- ¿Cómo? - pregunté.

- La ausencia absoluta de la esperanza ocurre sólo cuando pierdes la capacidad de ser perdonado.

- ¿Cómo puedo perder la capacidad de ser perdonado?

- Al morir - dijo sin rodeos.

- ¿Está diciendo que cuando muera ya no podré ser perdonado por las malas decisiones que he tomado?

- Precisamente - dijo.

- Guau, ¡no estaba bromeando cuando habló sobre la importancia del perdón!

- ¡No estaba bromeando en absoluto! Para mi no hay nada más serio y sagrado que tu conozcas la vida eterna.

- Siempre me enseñaron que entras al cielo por ser una buena persona - le dije con una sonrisa optimista.

- Te enseñaron mal - dijo Jesús claramente.

- ¿Cómo entra uno al cielo? - le pregunté.

- Al entender y aceptar que ya pagué por las malas decisiones que ustedes han hecho. Pero también, tienes que perdonar y pedir perdón; y, por último, debe tener un corazón puro.

- Espera, ¿cuándo pagaste por mis malas decisiones? - le pregunté, mirándolo.

- Morí en la cruz para que tu no tuvieras que hacerlo. Si crees en mi sangre y mi sacrificio, te prometo que conocerás el Verdadero Rostro de Dios. Pero nadie llega al Padre, sino es por mí.

¿Qué pasa si no acepto, si no creo? - le pregunté un poco desafiante.

- Entonces nunca conocerás la luz de la vida; siempre caminarás en la oscuridad - dijo Jesús.

- ¡Eso suena horrible! Sólo pensar en ello hace que todo el pecho me duela.

Después de pasear un poco más, Jesús se sentó nuevamente y se puso repentinamente muy serio. Me miró con ojos tristes y atentos. Noté que quería decirme algo, pero sin saber cómo.

- Michael, no quiero que vayas a ese lugar.

Nos sentamos en silencio durante varios minutos; cada uno perdido en nuestros propios pensamientos. Tomé otro sorbo de mi taza de café y Jesús tomó de la suya.

Después de un silencio largo y casi incómodo le pregunté:

-Este lugar del que está hablando, ¿es el infierno?

- Sí - dijo con el ceño fruncido, y un profundo suspiro.

- ¿Cómo es el infierno? - le pregunté con una curiosidad intemperante.

- Es un lugar de horrores inimaginables - dijo con ojos solemnes y oscuros.

- ¿Podrías llevarme y mostrármelo?

- Sí, pero si lo hiciera - dijo con una mirada ardiente, y un tono muy sombrío en la voz. - Si yo fuera a llevarte al infierno por un solo minuto; el dolor y la agonía que sentirías en sólo ese minuto sería suficiente para volverte completamente loco.

- Pero sólo la gente mala va al infierno ¿no?
- le pregunté sonando ansioso y preocupado.

- El infierno está lleno de buenas personas -
dijo Jesús.

- ¿Pero, por qué? - le pregunté con una voz
profundamente triste y angustiada. - ¿Por qué
las personas buenas van al infierno?

- Tu sólo tienes la capacidad de ver lo que
un hombre puede hacer; por lo tanto, el bien y
el mal son fácilmente visibles. Pero Dios puede
ver dentro del corazón del hombre.

- Pensé que ser bueno automáticamente
significa que uno tiene un buen corazón - le
dije, casi suplicante.

- No necesariamente, mucha personas hacen
cosas buenas y tienen corazones envenenados.
Michael, desde el momento en el viniste al
mundo, naciste con un corazón impuro. Ante
los ojos de Dios, todo el mundo está sucio; cada
corazón es impuro y, a menos que cambien,
nunca estarán a la altura de su gloria.

- ¿Cómo se puede nacer con un corazón

impuro? - le pregunté, sintiéndome un poco perdido y confundido. - ¿Cómo puede ser un bebé considerado impuro?

- Todo se remonta a cuando Adán y Eva pecaron originalmente contra Dios; el resultado de ese pecado esta fusionado en la base misma de lo que eres. El pecado es una realidad ineludible; todos los que viven han pecado contra Dios.

- Espera - dije con entusiasmo nervioso. - ¿Me estás diciendo que estoy pagando por los pecados que dos personas a las que nunca he conocido cometieron?

- No, no lo estás - dijo con firmeza.

- Pero acabas de decir que he pecado desde el día en que nací.

- Sí, pero esa es la razón por la cual el Padre me envió a la cruz; para que yo los limpie de ese pecado. Michael, yo llevé esa pesada carga por ustedes. Todo lo que tienes que hacer es tener fe en mí y creer que morí por ti. Te lo prometo, si le pides perdón a Dios, serás perdonado y absueltos de tus pecados.

Guau, todo esto es muy impactante - dije mirando al techo y rascándome la cabeza con asombro. - Nunca pensé que era posible que la gente buena terminara en el infierno.

- Sí - dijo, y añadió - El infierno es un lugar muy real y aterrador; y si no te arrepientes de tus pecados, terminarás allí.

- La gente como Hitler y Stalin, ¿están en el infierno?

- Sí - dijo.

- Están todos juntos? - le pregunté, - la gente buena mezclada con los malos?

- Todos los que no sigan los mandamientos de Dios terminarán en el mismo lugar.

-¿Está Michael Jackson en el infierno?

- Sí - respondió Jesús de manera sucinta.

- ¿Pero por qué? Si tanta gente lo quería.

- Porque optó por ignorar las leyes de Dios

y tomó todas las decisiones equivocadas.

Sacudiendo la cabeza y sintiéndome abrumado por el peso de lo que Jesús estaba diciendo, me volví hacia él y le pregunté:

- ¿Cuánto tiempo tengo?

- ¿Cuánto tiempo tienes para qué?- preguntó.

- ¿Cuánto tiempo tengo para vivir, antes de morir?

- Sólo Dios sabe esa respuesta - dijo, pero agregó, - Puedo decirte esto, deberías vivir cada momento como si fuera el último. Porque cuando mueras, todo lo que has hecho será puesto en una escala.

- ¿Qué debo hacer ahora?

- Acéptame en tu corazón, y arrepiéntete de tus pecados; luego debes pedirle perdón al Padre para que puedas renacer espiritualmente.

- ¿Qué palabras debo decir? - le pregunté.

- Las palabras que elijas no son

importantes; lo único que importa es la intención genuina de tu corazón.

De repente, estaba inundado por un tsunami de emociones. Luchar contra ellos era como tratar de contener una tormenta en un vaso de agua. Las lágrimas comenzaron a correr por mi cara. Caí de rodillas delante de Jesús y lloré incontrolablemente; aferrándome a él, cerré los ojos y le dije:

- Jesús, por favor acéptame en tu corazón y ayúdame a sanar este dolor. Perdóname por todas las formas en las que he errado en contra de Dios. Jesús quiero renacer; quiero estar completo de nuevo. Quiero caminar contigo en la luz y nunca conocer aquel lugar en las tinieblas.

Después de lo que pareció una eternidad, Jesús me levantó por los brazos y me abrazó. Secó mis lágrimas y sonrió; cuando lo hizo, su sonrisa alumbró luz en mi oscuridad interna, iluminando el camino en el que estaba. Me dio fuerza.

Jesús me dio esperanza.

Luego simplemente se despidió y comenzó a irse. Cuando Jesús se alejó, se volvió hacia mí por última vez y dijo:

- Michael, la libertad de elegir es el regalo más grande que tendrás jamás, y cómo lo uses determinará su valor.

Fin

Infierno: Un Lugar Sin Esperanza
Iván King

"Yo soy la luz del mundo. El que me siga nunca caminará en las tinieblas, sino que tendrá la luz de la vida."

Jesucristo

*****

Querido Amigo,

Si te gustaría ayudar a difundir el mensaje de este maravilloso libro; por favor, publícalo en tu muro de *Facebook*, y cuéntale a por lo menos diez de tus amigos más cercanos de su poderoso mensaje.

Siempre Agradecido,

Iván King

Desayuno Con Jesús

En este libro, y en mi otro libro <u>El Infierno: Un Lugar Sin Esperanza</u>, comparto con usted este mensaje de salvación con la esperanza de que algún día usted describirá la verdad sobre el glorioso plan que tiene Dios para su vida. Vuélvase a Cristo y confiese sus pecados; sólo entonces, encontrará la felicidad verdadera y la vida eterna.

Desayuno Con Jesús

Desayuno Con Jesús

Iván King

Desayuno Con Jesús

Infierno: Un Lugar Sin Esperanza
Iván King

Gabriel los cuidaba. Aún cuando ellos no creían en su existencia, a él no le importaba, porque él creía en ellos. Y más importante aún, todavía se aferraba a la esperanza. Pero ahora era evidente que los "perdidos" (como él se refería a ellos) lo necesitaban más que nunca. Él no lo sabía todo, como el Todopoderoso. Pero esto lo sabía a ciencia cierta, porque lo notaba en su comportamiento y lo sentía en su desesperación. Ellos estaban perdidos; víctimas de un mundo implacable y cruel. La lástima creció dentro de Gabriel. Solo mirarlos lo entristecía profundamente. Quería llegar hasta ellos, ayudarlos de alguna manera, pero no sabía exactamente cómo hacerlo.

Pero ahora, incluso después de mil años, él conoce los peligros frente a él. Él está eternamente en guardia, cuidando y velando por su laberinto de batalla. Él tiene la determinación de que no se le perderá ninguna alma, no mientras él esté de guardia. Aun cuando el laberinto de cuevas que cuida es oscuro, él conoce sus vueltas y curvas demasiado bien. Él está familiarizado con cada pulgada de la tierra que protege con tanto orgullo. Y aun cuando las velas eternamente encendidas, pegadas a las paredes rocosas, solo emiten suficiente luz como para ver a mas o menos un pie de distancia, él está muy consciente de la oscuridad que acecha.

Las paredes de las cuevas eran lo suficientemente amplias como para que una persona de tamaño promedio pudiera extender sus brazos y tocar ambos lados. Pero no se podría igualar su altura incluso si un hombre se parara sobre los hombros de otro.

De pronto, Gabriel oyó gemidos suaves que venían de la esquina de uno de los caminos que llevaba al extremo norte del laberinto. A toda prisa, se dirigió al lugar tan rápido que casi parecía que estuviera deslizándose. Pasó rápidamente a través de muchos espacios de oscuridad, que se esparcía hacia los confines de lo desconocido. El conocía su entorno instintivamente. Sin embargo, fue un sentido de sonar, como el de un murciélago, el que realmente lo guiaba al ruido.

Cuando llegó al gemido suave pero constante, vio a otro perdido. Él estaba al fondo de la cueva con la espalda hacia Gabriel. Estaba solo, sentado en un rincón oscuro, llorando. Sintiendo que el tiempo era lo más importante, saltó a través de las sombras y se arrodilló al lado de uno de los hijos perdidos de Dios.

Gabriel puso su mano derecha sobre su propio corazón, y su izquierda, con la palma ampliamente abierta, en la frente del perdido. Prontamente, el ángel fue bombardeado con sentimientos abrumadores de tristeza y dolor. De inmediato, supo que en algún lugar del mundo humano este joven estaba a punto de suicidarse. Tenía que actuar rápidamente u otra alma se perdería entre los caídos.

Descárgalo Hoy en Amazon.com

Infierno: Un Lugar Sin Esperanza
Iván King

Desayuno Con Jesús

Desayuno Con Jesús

Biblioteca de Iván King

Almuerzo Con Jesús

Infierno: Un Lugar Sin Esperanza

Guerras de Ángeles

El Camino

Desayuno Con Jesús

El Infierno: Un Lugar Sin Esperanza

El Cuarto Obscuro

La Bola de Chicle Azul

Las Cosas Buenas Toman Tiempo

Puedes Lograrlo

Desayuno Con Jesús

Conozca al Autor

Iván King es el autor de más de 20 libros, galardonado y más vendido. Su libro #1 en Amazon, Desayuno con Jesús, se ha convertido en un gran éxito a nivel internacional. El sr. King nació en Río de Janeiro, Brasil, en 1977, aunque su estancia en Río sería corta. Luego de ser adoptado de un orfanato, fue criado en Ipatinga, el Valle del Acero. Su autor favorito es Hemingway; sin embargo, su libro favorito es Uvas de la Ira de Steinbeck. Cuando no está escribiendo o leyendo, juega al ajedrez y toca la guitarra.

Cuando Iván tenía ocho años, leyó su primer libro, Superfudge de Judy Blume y el resto es historia. Esa historia es la base de su pasión por la lectura; cómo terminará... aún no se ha escrito.

Actualmente, está trabajando en un par de docenas de proyectos de escritura y convirtiendo algunas de sus novelas en guiones. La primera obra publicada de Iván, El Cuarto

Obscuro, es una Novela de Ficción basada esparcidamente en su vida, habiendo crecido en las favelas, o barrios pobres, de Brasil.

Cita favorita: En la vida, las cosas increíbles ocurren y los momentos inolvidables existen; pero nada se compara a haber sido amado por ti mismo, y aunque descansas en paz, te extrañare y amaré por siempre.

Si le gustaría aprender más sobre Iván King, le puede enviar un mensaje a:

http://www.ivanking.com/

Made in United States
North Haven, CT
26 July 2022

21880672R00039